Negociar com Competência

UM NOVO CAMINHO
ONDE TODOS GANHAM

Barbara Schott
Klaus Birker

Negociar com Competência

UM NOVO CAMINHO ONDE TODOS GANHAM

Tradução
ILZA VILMA KNAPP

EDITORA CULTRIX
São Paulo

Título do original:
Kompetent Verhandeln

Edição	Ano
1-2-3-4-5-6-7-8-9	98-99-00

Direitos de tradução para o Brasil
adquiridos com exclusividade pela
EDITORA CULTRIX LTDA.
Rua Dr. Mário Vicente, 374 — 04270-000 — São Paulo, SP
Fone: 272-1399 — Fax: 272-4770
E-mail: pensamento@snet.com.br
http://www.pensamento-cultrix.com.br
que se reserva a propriedade literária desta tradução.

Impressão e acabamento: Paulus Gráfica

Sumário

Como Funciona a Programação Neurolingüística

No que você pensa ao ouvir a palavra "negociar"? Negociar em reuniões importantes e decisivas da vida profissional? Em questões diplomáticas e políticas ou na hora de conseguir um aumento de salário, uma indenização ou na hora de vender uma propriedade? Mas há muitas ocasiões na vida diária que também se relacionam com a palavra "negociar". Quando, por exemplo, você fala com o proprietário da casa em que mora sobre os consertos que convém fazer ou quando faz reclamações, trata-se de defender seu dinheiro e a sua vontade.

Em todas essas oportunidades você quer esclarecer algo, entrar num acordo ou preparar o terreno para uma decisão. Para isso é preciso ter competência. No entanto, essa competência às vezes falta no momento decisivo. Tudo dá errado. Como negociar com desenvoltura, mesmo nas situações difíceis — este é o tema deste livro.

Em primeiro lugar, vejamos três exemplos simples de casos em que se tentou negociar, mas algo deu errado. Queremos mostrar-lhe o que provocou os problemas e ensinar-lhe a solucioná-los. Para tanto, é preciso conhecer estruturas e processos que o ajudarão a negociar de forma competente mesmo quando os assuntos forem difíceis de resolver.

O que saiu errado?

Monika A. continua morando na casa dos sogros, com o marido e o filhinho de dois anos. Seu sonho é ter sua própria casa. Agora que o marido terminou a faculdade de engenharia e conseguiu um bom emprego, ela quer realizar esse sonho e procurar uma casa para eles. Ela conversou com um locador que havia anunciado uma casa com três grandes cômodos e um cômodo menor. Depois de uma breve visita à casa, o locador perguntou: "Afinal, vocês têm filhos?" Um pouco encabulada, ela respondeu com um fio de voz: "Sim, um garoto de dois anos." Então o locador continuou o interrogatório: "Vocês não pretendem ter apenas um filho, não é mesmo?" Imediatamente Monika começou a se sentir angustiada. Como responder a essa pergunta? Um casal de amigos que tinha dois filhos pequenos lhe havia falado sobre a busca infrutífera de uma casa. A maioria dos locadores parecia ter medo de que as crianças fizessem muito barulho. Será que ela devia confessar que desejava ter uma filhinha? Então, talvez, não tivesse a sorte de alugar aquela bela casa!

Se respondesse que não pretendiam ter mais filhos, seria bem provável que o dono da casa não acreditasse nela. O sonho estaria desfeito da mesma forma. Então, demonstrando insegurança na voz, ela gaguejou: "Nós ainda não sabemos." O homem sorriu para ela e Monika pressentiu que logo receberia uma resposta negativa. Então se ouviu dizendo: "Talvez seja melhor eu ficar mais um tempinho com meus sogros. Em muitos aspectos, isso é bem mais prático." Despediu-se apressadamente do locador. Lá fora, na rua, teve de fato a sensação de ter conseguido uma "saída honrosa" para a situação; mas também ficou com a impressão de que havia desistido depressa demais e de que não alcançara o pretendido objetivo.

O que saiu errado?

Monika estava convencida de que era importante mudar-se da casa dos sogros para manter seu casamento feliz. Por isso, tomou a iniciativa. Gostou da casa e do proprietário também. Mas no momento decisivo, não conseguiu negociar com competência. Por que ficou tão tensa a ponto de só pensar em bater em retirada? Por que desperdiçou aquela ótima oportunidade?

É possível que você também tenha passado por situações semelhantes. Muitas vezes você tem condições de negociar de forma competente; no entanto, no momento decisivo, essa competência deixa você na mão. Como Monika, nós batemos em retirada. Este livro trata de como manter a competência ou reconquistá-la para conduzir uma negociação com habilidade, saindo-se bem também nas fases difíceis.

Da janela do escritório, Helmut B. reparou que haviam instalado cúpulas de luz no galpão do armazém e que o teto de papelão alcatroado havia sido retirado. Um pedaço desse papelão serviria para cobrir seu caramanchão. Falou sobre isso com um colega. Este respondeu que não sabia o que seria feito do papelão alcatroado; primeiro teria de se informar a respeito. No dia seguinte, Helmut viu que outro colega ganhara uma peça de papelão alcatroado e a colocara no bagageiro da bicicleta. Helmut tinha certeza de ter pedido o papel antes; portanto achava-se no direito de levá-lo. Aproximou-se do colega, que ele interrogara no dia anterior, e disse: "Ontem, quando perguntei, você me disse que não sabia se podia me dar o papelão alcatroado, mas agora vi que outro colega levou um pedaço. Não acho isso correto."

O colega respondeu: "Hoje, na hora do almoço, fiquei sabendo que o papelão alcatroado não vai mais ser usado aqui. Qual o problema se dei um pedaço para alguém que estava passando?" A respiração de Helmut se acelerou; o colega não estava entendendo que ele se sentia no direito e, além disso, em condições de reivindicar o papelão. "Como lhe fiz uma pergunta ontem com toda a delicadeza, você poderia ter-me informado que o papelão não seria mais usado. Fui o primeiro a perguntar o que seria feito dele, por isso sou o primeiro a ter o direito de levá-lo..."

O colega respondeu:

"Ora, deixe de bobagem! Ainda sobrou bastante papelão. E, de resto, ninguém tem direito sobre esse papelão!" Será que o colega iria agora discutir sobre quem teria mais direito sobre aquele papelão?

Helmut não se deu por vencido: "É possível que nem seja da sua competência dispor do papelão alcatroado!"

"Bem, se você pensa assim, também não posso permitir que você leve alguma coisa daqui. Convém você falar com o administrador." E, com essas palavras, o colega encerrou a discussão.

O que deu errado neste caso?

Ao contrário de Monika, Helmut não bateu em retirada, mas lutou pelo que queria. Porém, ao fazer isso, perdeu de vista seu objetivo de conseguir uma peça de papelão alcatroado, o que teria sido possível sem brigas. No entanto, Helmut deixou de negociar com competência quando o colega adotou uma atitude diferente da que ele esperava.

Por que Helmut agiu de forma tão desajeitada? E, o que é mais importante ainda: o que ele poderia ter feito para recuperar o domínio da situação? Nós ainda analisaremos esse assunto detalhadamente, mostrando como contornar situações semelhantes.

Um terceiro exemplo: Maria C. é vendedora e tem folga sempre na quarta-feira. Sua colega folga na terça-feira. Maria gostaria de trocar o dia de folga esta semana, pois seu irmão vem visitá-la na terça-feira à tarde, tendo de seguir viagem na quarta pela manhã bem cedo. Ela faz o pedido à colega, que responde: "Mas você devia ter-me avisado antes. Eu também já tenho um compromisso na terça-feira. Você precisa mesmo trocar o dia da sua folga?"

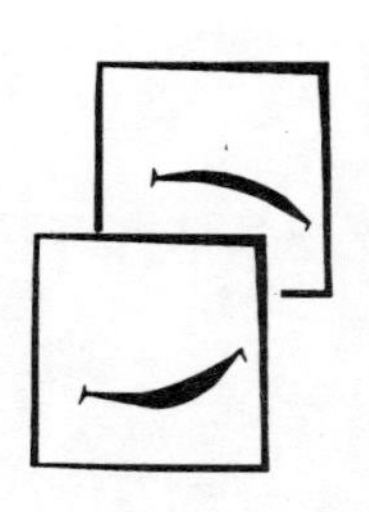

"É claro, caso contrário não lhe pediria esse favor", disse Maria, achando que devia responder à altura.

"Vou ter de dar alguns telefonemas e reorganizar as coisas", disse a colega, "mas com alguma sorte conseguirei adiar os encontros para quarta-feira."

Maria não percebeu que a colega esperava algum reconhecimento pela sua disposição para ajudar. Maria achava natural que os colegas ajudassem uns aos outros sem fazer muito alarde sobre isso.

"Se isso vai lhe dar tanto trabalho, não se preocupe que eu dou um jeito", Maria disse aborrecida. "Achei que você gostaria de ajudar."

O que saiu errado?

Ao contrário do que aconteceu no caso da fuga de Monika A., a colega de Maria deu indícios de que estava disposta a atender ao pedido. Maria, no entanto, esperava outro tipo de consentimento. Assim, não teve mais condições de simplesmente dizer "obrigada" e aceitar a oferta.

O efeito de Neandertal

Quando negociamos com competência, temos uma visão abrangente da situação e reagimos de acordo com ela. A incompetência limita a nossa maneira de agir.

Em sua busca por uma casa, Monika A. tinha medo de receber uma recusa. Suas possibilidades de reação se reduziram a bater em retirada: portanto, à fuga de uma situação com a qual não conseguia lidar mais com desembaraço. Helmut B., ao contrário, reagiu com censuras: portanto, com agressões, quando achou que não estava sendo tratado como devia. Também o seu comportamento se reduziu a uma única alternativa. Por isso, Helmut não foi capaz de perceber a situação de forma abrangente, nem de reagir de modo positivo.

Na Antiguidade, lutar pela sobrevivência em situações ameaçadoras implicava reagir com formas simples de comportamento. Em caso de perigo, era lutar ou fugir. Denominamos esse padrão de comportamento de "efeito de Neandertal". Na luta pela sobrevivência, deixar de re-

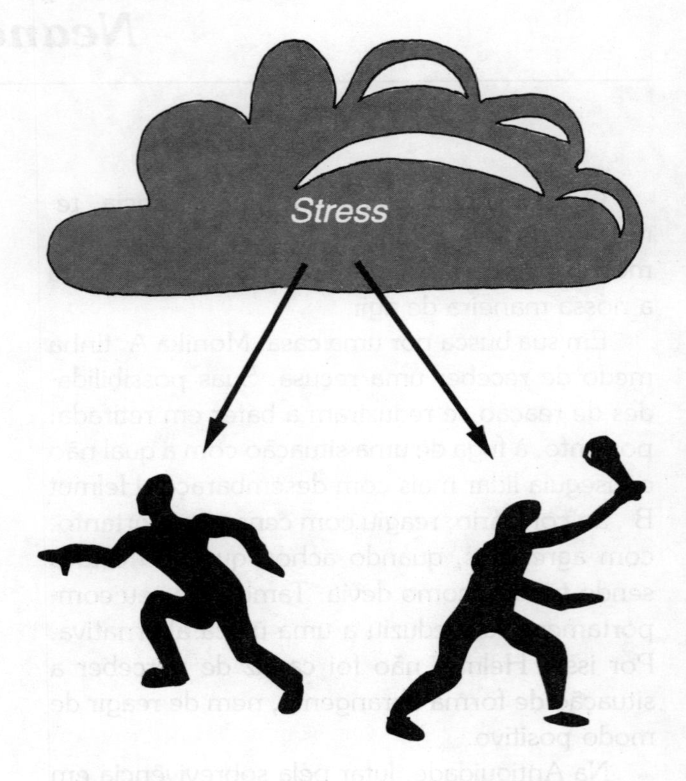

Há duas formas básicas de reagirmos ao *stress*: fugir ou lutar

conhecer rapidamente as situações de perigo podia ser fatal. Era mais seguro enfrentar o desconhecido com cautela. Provavelmente, a cautela diante de situações novas e inesperadas vem desde essa época. O efeito de Neandertal é ativado. Naqueles tempos, as alternativas "lutar" ou "fugir" se traduziam em reações físicas. Os músculos dos braços e das pernas precisavam de muita energia. E, para compensar a perda de energia, o cérebro diminuía o ritmo de outras funções — por exemplo, a digestão ou a circulação sanguínea da pele. Nós costumamos dizer: "Aquela cena embrulhou-lhe o estômago" ou "Ela ficou pálida de medo".

As reações rápidas dispensavam o raciocínio analítico do cérebro, tanto que ainda hoje, em situações de extrema tensão, a circulação sanguínea do cérebro é reduzida, impedindo-nos de pensar com clareza. A maioria das situações das quais temos de nos proteger atualmente, no entanto, não podem mais ser enfrentadas por meio da luta ou da fuga. Não se exige mais tanta capacidade física. Exige-se perspicácia. Ser perspicaz, nesse caso, significa ser versátil o suficiente para adequar seu comportamento à situação e saber como reagir de modo positivo. Pode ser útil conhecer o mecanismo básico que nos leva a tomar atitudes canhestras. Por meio dos nossos sentidos — a visão, a audição, o tato, o olfato e

o paladar — tomamos conhecimento do mundo exterior e formamos uma imagem da situação, que é comparada pelo cérebro com as nossas experiências. Lembranças boas despertam um sentimento positivo. Se no passado tivemos êxito em situações semelhantes, isso aumenta a nossa autoconfiança para agirmos com desenvoltura também dessa vez.

Porém, acontece o contrário quando relembramos experiências desagradáveis. Elas despertam os medos que sentimos na época. Também as reações ou as situações do nosso ambiente que não correspondem ao que esperávamos podem despertar em nós pensamentos negativos. Da mesma forma, supostas ameaças, a insegurança em situações desconhecidas ou o medo do fracasso também nos deixam em situação de alarme.

Sentimentos como o medo, o aborrecimento, a insegurança ou a decepção provocam um aumento da adrenalina e de outros hormônios que causam tensão. Eles predispõem nosso corpo ao padrão básico de lutar ou fugir. O efeito de Neandertal é ativado.

Esse mecanismo percorre determinado caminho: nossas percepções, nossas experiências, nossas lembranças e nossas avaliações, bem como nossas reações mentais ou emocionais. Quando interrompemos nesse ponto esse processo, que muitas vezes acontece de forma inconsciente, temos a oportunidade de assumir o controle em vez de reagir por reflexo.

Um método que pode nos ajudar nesses casos tem um nome um tanto complicado: "Programação Neurolingüística", ou, de forma resumida, PNL. Ele foi desenvolvido nos anos 70 por dois norte-americanos: o filólogo John Grindler e o especialista em informática e Gestalt-terapia, Richard Bandler. Eles pesquisaram o modo como os comunicadores e terapeutas especialmente bem-sucedidos e competentes agiam e tiravam proveito das próprias capacidades. A partir da análise das estratégias usadas, desenvolveram um modelo que tornaram extremamente claro e fácil de aplicar. O modelo continuou sendo desenvolvido e usado em várias áreas diferentes. Assim, para o nosso tema — negociar com competência —, usamos estratégias de comunicação de eficácia comprovada, que foram usadas por excelentes homens de negócios.

Também podemos aprender com a nossa própria experiência. Quando nos lembramos de situações em que agimos com desembaraço, podemos transpor as capacidades e atitudes que usamos na época para a questão que temos de resolver no momento. Quanto mais você aprender com as suas próprias experiências, tanto maior será a sua confiança nas suas próprias aptidões. Este livro pode lhe servir como chave.

Mais uma palavra sobre a PNL: a palavra "programação" indica uma seqüência de passos isolados, estimulados por algum impulso e que levam a determinados comportamentos. Se esses passos trouxerem os resultados esperados, teremos uma programação bem-sucedida e não precisaremos desenvolver novamente os passos da seqüência, cada vez que usarmos a referida programação. Mas se ainda não estivermos satisfeitos com o resultado ou se algo limitar o nosso programa, é possível ampliá-la ou modificá-la, assim como é possível substituir ou modificar um programa de computador. Nesse sentido, este livro também servirá como guia para ajudá-lo a desenvolver o seu programa.

O termo "neuro" indica tanto a ligação especial com os nossos sentidos — visão, audição, olfato, tato e paladar — como também a estreita relação entre espírito e corpo. Por uma lado, isso significa que os nossos pensamentos influenciam a nossa condição mental e física. Por outro, demonstra que a observação de sintomas físicos nos dá indicações sobre nossos processos mentais e espirituais.

Finalmente, o conceito "lingüística" indica que a PNL conseguiu mostrar que é possível ter acesso aos processos de pensamento por meio da linguagem.

Isso se relaciona tanto com a arte da percepção do momento quanto com o modo pelo qual as lembranças vêm à tona. O fato de percebermos uma situação de forma limitada ou incompleta pode ser a causa primordial de um comportamento limitado, ineficaz. Ainda voltaremos a esse assunto posteriormente.

No nosso terceiro exemplo, o sistema de defesa de Maria C. impediu-a de aceitar a oferta de sua colega. Nesse caso, além do "efeito de Neandertal", um outro fator levou-a a agir com incompetência. Nossas convicções determinam o que aceitamos ou recusamos. Dogmas muito rígidos nos fazem adotar uma conduta inflexível.

Sua competência está "cochilando"

Voltemos mais uma vez à Monika A., do primeiro exemplo. Monika era funcionária de uma empresa de consultoria fiscal. Desde muito jovem, era responsável pelo atendimento de um grupo de clientes e desempenhava essa tarefa com seriedade e determinação. Enquanto o marido ainda estudava, ela trabalhava fora o dia todo, mesmo depois do nascimento do filho. O casal morava na casa dos sogros, e, como sua sogra não trabalhasse fora, cuidava do neto em tempo integral. Depois que o marido se formou e conseguiu um bom emprego, Monika passou a trabalhar em regime de meio período e começou a procurar uma casa para eles. Quando perguntamos a ela como transcorreu a conversa com o locador, ela deu a seguinte resposta: "No início, eu estava bastante confiante; gostei muito da casa e o proprietário, um senhor idoso, também me pareceu muito simpático. No entanto, quando a conversa passou a girar em torno de filhos, ocorreu-me o que a minha amiga havia me contado sobre a dificuldade de um casal jovem com filhos conseguir alugar uma casa. Tive a sensação de que, no início, tudo corria bem." E acrescentou: "No fundo, eu só estava esperando que ele recusasse a minha proposta."

Monika descreveu a situação de forma clara e precisa. Enquanto falava, ela se concentrou um pouco, como se refletisse sobre si mesma. Então, acrescentou: "Já passei por situações semelhantes. Por isso, agora quero aprender melhor como conduzir uma negociação com competência." Quando lhe dissemos que a descrição que fizera do caso fora muito precisa, ela se animou. "Tenho boa memória." Perguntamos se ela também conseguia lembrar-se de outras ocasiões em que fizera negociações bem-sucedidas; ela respondeu sorrindo: "Sim, eu me lembro de várias." Então Monika A. nos contou de uma ocasião, no Ministério da Fazenda, em que defendera com sucesso os interesses de seus clientes. Ela ainda conseguia lembrar-se da sala em que ocorrera a conversa. Também tinha uma vaga idéia da aparência e dos trajes dos seus dois interlocutores, bem como da estante em que havia alguns livros sobre economia fiscal. Quando comentamos que devia ter sido difícil enfrentar dois interlocutores, ela respondeu: "Não, eu disse a mim mesma que eles não deviam estar muito seguros de si, visto que vieram em dupla." O que foi diferente no segundo diálogo? E como Monika poderia usar suas aptidões também em outras negociações?

A posição do nosso corpo, nossa postura, a voz e o modo como percebemos o mundo exterior estão associados com o nosso estado de espírito. Há uma relação estreita entre nossos pensamentos, nossas conclusões e a nossa postura corporal.

Você ainda se lembra da disposição física para o ataque ou para a fuga provocada pelo "efeito de Neandertal"? A Programação Neurolingüística desenvolveu um método que explica a correlação entre corpo e espírito e suas relações estruturais.

Todos nós podemos reconhecer os elementos do processo de pensamento em questão, se observarmos cuidadosamente uma pessoa e prestarmos atenção ao modo como ela enfatiza os detalhes em sua descrição de um fato. A partir dessa análise, podemos tirar conclusões *a posteriori* sobre a disposição dessa pessoa. Reconhecemos se ela está cheia de energia ou se está com a energia bloqueada. Observaremos essa questão com mais detalhes por meio do exemplo de Maria A.

A Programação Neurolingüística nos oferece outras opções. Recebemos indicações sobre o estado e as estratégias de pensamento por meio de sinais verbais ou corporais.

Essas correlações, entretanto, também atuam na direção contrária. Assim que reconhecermos um padrão, por meio da observação da postura corporal, do ponto de vista, etc., poderemos acabar com nossas limitações. Podemos passar para um estado cheio de energia e usar nossas capacidades. Essa é a chave para despertar a nossa competência.

Na segunda parte deste livro será explicado como moldar e usar essa chave.

Descrição de uma imagem

Monika descreveu as imagens das duas situações de modo visivelmente diferente. No primeiro caso, o quadro era pequeno e se concentrava na boca do locador. Na ocasião em que fora bem-sucedida, no Ministério da Fazenda, ela visualizou um quadro maior. Esse quadro abarcava toda a sala. Ela não se limitou a um detalhe, mas abrangeu toda a cena. A imagem era mais colorida e cheia de detalhes. Essa descrição mostra nitidamente o que acontece conosco em situações como essas: quando formamos um quadro mental pequeno, limitamos a nossa visão; num quadro mais amplo, é possível observar outros aspectos e inter-relações. O quadro grande contém mais informações e, portanto, abre alternativas de ação. O quadro interior mostra o estado energético da pessoa no momento em que ela passava por aquela situação.

Você gostaria de fazer uma pequena experiência? Então lembre-se de uma situação em que você conseguiu sair-se muitíssimo bem. E depois, de outra, em que se sentiu bloqueado e não conseguiu demonstrar suas capacidades. A seguir, evoque as imagens mentais que formou desses fatos. No primeiro caso, a maioria das pessoas vê a cena inteira. O quadro é amplo, claro e colorido. A pessoa o vê de uma determinada distância. No segundo caso, o quadro muitas vezes se reduz a um detalhe. É menor, e está mais perto da pessoa que o visualiza. Muitas vezes, a imagem é nebulosa e em preto-e-branco.

O mesmo aconteceu com Monika. No primeiro caso, ela só via duas alternativas: ou ouvir logo uma recusa ou fugir da situação.

Pedimos a Monika que procurasse sentir toda a energia que demonstrara no Ministério da Fazenda e visualizasse mais uma vez o quadro do diálogo com o locador, com a intenção de mudá-lo.

Passo a passo, ela foi aumentando as dimensões do quadro, até ver todo o rosto do locador, depois a sua figura e, finalmente, grande parte da sala em que estavam. O quadro foi ficando mais claro e colorido. Então ela percebeu a expressão amável do rosto do homem e sua postura, curvado na direção dela. Quando se lembrou do quadro da sala do Ministério da Fazenda e dos livros na estante, ela disse: "Quando a situação se complicava, e os funcionários faziam uma avaliação negativa do caso, eu via os títulos dos autos na estante de livros e dizia a mim mesma:

"Raramente os casos são tão inequívocos; na maioria das vezes, há mais de uma solução. Então me ocorriam outras alternativas."

Procure ter uma visão melhor da cena

Quando ela conseguiu uma visão mais abrangente da cena em que procurava uma casa, ampliando o quadro mental, ela obteve um distanciamento maior da cena. A visão mais ampla da cena possibilitou-lhe mais liberdade de pensamento. Ela decidiu telefonar novamente para o proprietário da casa e marcar um novo encontro, se a casa ainda não tivesse sido alugada.

Uma visão mais ampla possibilita mais liberdade de pensamento

Nossa percepção é seletiva. Nem todos os sinais do nosso ambiente são captados por nós. Nossa imagem do mundo é formada a partir de informações incompletas. É quase como se estivéssemos vendo o mundo por meio de uma planta topográfica. Ficam faltando partes, as quais não damos atenção. Quando damos ênfase exagerada a certos aspectos, eles dominam a cena de forma inadequada. Mas isso tem seu lado bom. Quando, por exemplo, nós nos dedicamos a uma tarefa complicada, temos de nos concentrar sem desviarmos a atenção para informações irrelevantes.

Nesse caso, nosso inconsciente coloca à disposição da consciência apenas as informações consideradas importantes.

Em geral, esse mecanismo tem uma finalidade prática. Assim, por exemplo, mães jovens conseguem dormir profundamente em meio a um grande barulho, mas acordam ao menor ruído emitido pelo seu bebê. Muitas vezes, contudo, essa redução na atenção não é conveniente. Quando Helmut, do nosso segundo caso, estava totalmente concentrado "em sua luta pelo papelão alcatroado", ele deixou de perceber os sinais que lhe teriam possibilitado alcançar seu objetivo sem maiores problemas.

Nossa percepção do mundo exterior é influenciada pela nossa disposição interior. O conhecimento de que a nossa idéia de mundo nunca será objetiva, mas sempre subjetiva, exige que não esqueçamos de prestar atenção às distorções.

Nem sempre todos os sentidos — visão, audição, tato, paladar e olfato — são igualmente ativados. Conforme a pessoa e a situação, um dos sentidos predomina. Nossa imaginação pode ser visual (atua por meio do que enxergamos), auditiva (atua por meio do que ouvimos) ou cinestésica (atua por meio do que sentimos).

Por meio dos sentidos, formamos a nossa visão de mundo

A maioria das pessoas usa um desses três canais sensoriais e despreza os outros. É por meio dos sinais transmitidos pelo nosso canal sensorial predominante que formamos a nossa visão de mundo. Por isso, uma pessoa guarda na memória imagens de uma cena, enquanto outra se lembra mais das palavras que ouviu na ocasião, ou dos sons ou da sensação associada a essa experiência. Também existe uma relação entre o sentido predominante e a posição dos olhos.

A figura a seguir mostra as posições dos olhos típicas de pessoas destras. No caso do canhoto, essas percepções podem ser invertidas. Por isso,

Posição dos olhos

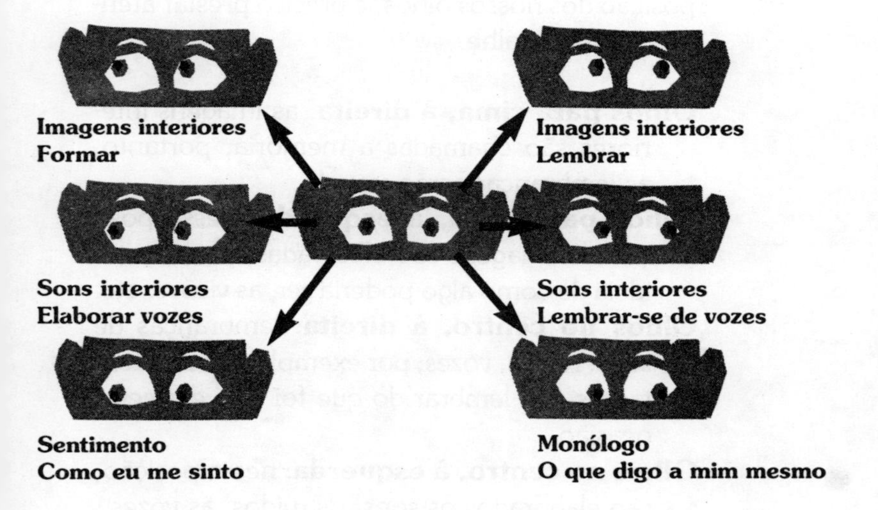

Posição dos olhos de pessoas destras, do ponto de vista do observador você deve sempre observar a posição dos olhos em si mesmo e nas outras pessoas. A figura mostra como nós vemos o outro. Os lados "esquerdo" e "direito" correspondem à esquerda e à direita do observador. Se quisermos analisar a posição dos nossos olhos, é preciso prestar atenção a esse detalhe.

Olhos para cima, à direita: as imagens interiores são chamadas à memória; portanto, as lembranças serão visuais.

Olhos para cima, à esquerda: nessa posição, as imagens são elaboradas; portanto, a idéia de como algo poderia ser, as visões, etc.

Olhos no centro, à direita: lembranças de sons, ruídos, vozes; por exemplo, quando tentamos nos lembrar do que foi dito em certa ocasião.

Olhos no centro, à esquerda: nessa posição, são elaborados os sons, os ruídos, as vozes.

Olhos para baixo, à direita: sinal de que está ocorrendo um diálogo interior em que vários aspectos são avaliados.

Olhos para baixo, à esquerda: posição típica das ocasiões em que cenas são vivenciadas por meio das emoções. Aqui também podem ser levadas em conta as informações captadas pelo olfato e pelo paladar.

O conhecimento da posição dos olhos pode nos ajudar no modo de nos orientarmos. Ele nos dá indicações sobre em que âmbito de percepção e de pensamento consciente nos encontramos no exato momento. Mas também podemos ampliar e variar nossos âmbitos de pensamento mudando conscientemente a posição dos olhos. Podemos abrir outros âmbitos, podemos "abrangê-los com os olhos". Nós conseguimos um "ângulo visual" muito maior.

Muitas vezes, conseguimos reconhecer um padrão observando a seqüência de movimentos dos olhos. No caso de Monika, por exemplo, as posições eram para cima à direita, no centro à direita e para baixo à esquerda. A seqüência elucida três passos. Primeiro, a cena foi chamada à lembrança, no caso de Monika, por meio de uma imagem (percepção visual). No segundo passo, ela recordou duas experiências auditivas. A voz da sua amiga dizendo "é muito difícil um casal com filhos conseguir alugar uma casa" foi associada à sua própria afirmação: "sempre existem várias soluções". Finalmente, ela avaliou a experiência do ponto de vista emocional (olhos para baixo à esquerda).

Na PNL, a seqüência também é chamada de estratégia, e constitui-se de três elementos:

- O primeiro demonstra as percepções sensoriais através das quais entramos em contato com as informações interiores.
- O segundo elemento fornece dados sobre a parte consciente da experiência lembrada.
- O terceiro elemento revela como as experiências são analisadas na realidade.

Quando entramos em contato com as nossas capacidades por meio desses três passos, desenvolvemos uma estratégia bem-sucedida. Variando os estímulos e lembrando-nos das experiências positivas, podemos ativar uma seqüência mais eficaz que nos possibilite usar nossos recursos e negociar com competência. O canal sensorial predominante demonstra que forma é mais fácil e eficiente para entrarmos em contato com nós mesmos e com as outras pessoas.

A solução em que todos saem ganhando

De que tipo de aptidão precisamos para negociar com competência? O que é preciso para manter um diálogo produtivo? O modelo de comunicação, apresentado pela figura a seguir, mostra os elementos essenciais de comunicação, partindo da sentença: "Quem diz o que, para quem e com que resultado?" Além disso, deve-se levar em conta o ambiente, a situação em que ocorre a conversa em questão. Os participantes são o emissor (quem) e o receptor (para quem) de uma mensagem; portanto, nós e os nossos parceiros de negociação. Durante a conversa, os papéis de transmissor e receptor se alternam.

A pergunta "com que resultado?" contém dois aspectos. Temos de ter em mente qual é o nosso objetivo. Só então podemos avaliar se o alcançamos ou não.

Helmut B., do nosso segundo exemplo, queria primeiramente uma peça de papelão alcatroado. Avaliamos os seus resultados observando *se* alcançou o objetivo e *como* o alcançou. A reação do parceiro mostra em que grau Helmut foi bem-sucedido. Helmut teria sido bem-sucedi-

Quem diz o que, para quem,
e com que resultado?

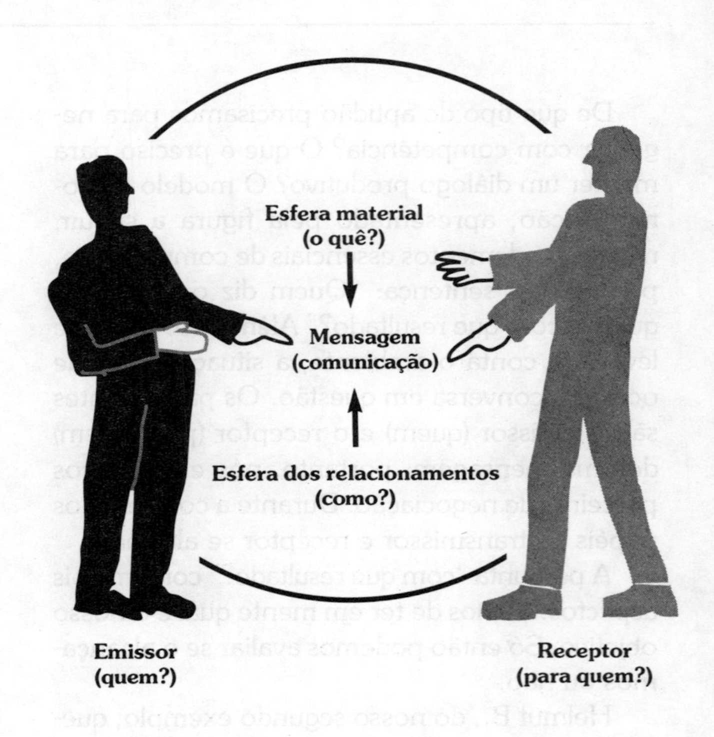

A reação do receptor mostra se você teve ou
não sucesso na comunicação

do se o colega lhe tivesse dado de bom grado o papelão. Em vez disso, ele nem conquistou o colega para a sua causa, nem recebeu o papelão alcatroado. A comunicação de Helmut foi malsucedida.

Primeiro é preciso construir pontes!

A mensagem transmitida, seja ela verbal ou não-verbal, toca a esfera material (o quê) e a esfera dos relacionamentos (como). A esfera dos relacionamentos influencia o clima da conversa ou negociação. Nessa esfera se decide se os participantes estão em sintonia e se sua disposição é positiva ou de recusa e negação. Na fase inicial, ou assim que surgirem tensões, a esfera dos relacionamentos passa a ter mais importância. Quanto mais sólida for a ponte dos relacionamentos, tanto melhor se poderá lidar com os problemas difíceis e solucioná-los. É preciso construir as pontes antes de deixar o caminhão de carga passar (a carga dos assuntos materiais) — e não o contrário. Helmut não cultivou um relacionamento amigável com seu colega, mas o pressionou com censuras, criando uma atmosfera desagradável. Assim, não é de se admirar que seu pedido tenha sido recusado no plano material.

Quando somos meros observadores dos acontecimentos, muitas vezes eles nos parecem banais ou óbvios. Mas quando nós somos os envolvidos na situação achamos mais difícil descobrir a chave para um comportamento adequado. Para conduzir uma conversa com desenvoltura — saber conduzir um diálogo — é preciso, em primeiro lugar, que saibamos agir de forma sensata.

Que tipo de capacidade temos de ativar para negociar com competência?

Antes da negociação

1. Antes de negociar, descontraia-se e relaxe! Se você acabou de passar por uma experiência desagradável, ou se teve uma discussão acalorada com alguém, existe o risco de você transferir suas emoções para a nova conversa. O sucesso da sua negociação também pode ser comprometido se você ainda estiver com o pensamento voltado para os problemas não-solucionados. Concentre-se no aqui e no agora!

2. O que você quer de fato? Você tem um objetivo definido? Seu objetivo é realista? Você também tem de levar em conta os interesses do seu parceiro e a situação como um todo. Você está pronto para arcar com as conseqüências relacionadas com o seu objetivo?

3. Pense também no parceiro. Quais os interesses dele? Observe em que plano de percepção ele se encontra. Se você se sintonizar com esse plano ao transmitir a sua mensagem, aumentam as chances de você ser compreendido. Seu parceiro ainda está preocupado com outros assuntos? Então resolva esses assuntos primeiro antes de continuar a negociação.

4. Observe a situação em que ocorre a negociação. A conversa se passa no escritório ou na escadaria do prédio? Ela foi planejada de antemão ou está acontecendo por acaso? Quando você observa as circunstâncias em que ocorre a conversa, você pode sintonizar-se melhor com seu parceiro.

5. Preste atenção nas reações do parceiro. A resposta do interlocutor nos dá uma chance de saber se fomos bem interpretados. Mal-entendidos podem levar a situações críticas durante as negociações. Você deve reagir de modo positivo, não com aborrecimento ou impaciência. Quando achamos que fomos bastante claros, mas o nosso parceiro ainda continua confuso, a decepção diante desse fato pode comprometer nosso desempenho.

6. Mantenha-se confiante. Não deixe que o tornem inseguro. Caso a negociação tome outro rumo ou o parceiro não reaja como você esperava, existe o risco de você sucumbir ao efeito de Neandertal e se sentir bloqueado. Ative, por meio do autocontrole, o seu estado energético e tenha em vista a solução do problema.

7. Não negocie contra, mas *com* o seu parceiro.

8. O objetivo de uma negociação é buscar a solução em que os dois saiam ganhando. Assim, ambos ficarão satisfeitos com o resultado e, além de haver vantagens no plano material, também

haverá progresso na esfera dos relacionamentos. Essa é uma boa base para futuros negócios.

Muitas pessoas acham que só se pode vencer quando o outro "perde". As "regras do jogo" então se voltam para a competição. O outro não é convencido a participar da solução do problema. O ponto de vista dele é considerado insensato ou insustentável. Para o perdedor, a derrota é amarga, visto que ele não só precisa voltar atrás, mas também se sente incompreendido. Para o vencedor, a vitória custa caro; ele conseguiu resolver a questão, mas não conquistou a simpatia do seu oponente. Isso pode ser um empecilho em futuros negócios. Suponha que dois sócios de uma empresa estejam negociando o futuro do empreendimento por meio de diferentes estratégias. O sr. Lehmann quer investir os recursos excedentes na ampliação ou no aprimoramento do setor de exportação. O sr. Kunz prefere gastar o dinheiro em pesquisa e desenvolvimento. Se ambos tiverem em vista o objetivo comum, evitarão o jogo em que ambos sairão perdendo. Ambos querem preparar a empresa para o mercado europeu em desenvolvimento. Juntos, encontrarão uma solução satisfatória, buscando a cooperação com uma empresa estrangeira, cujos produtos complementariam os que eles já fabricam, com quem poderão continuar trabalhando no futuro, inclusive nos postos de venda.

Negociar de forma competente não significa ter de manter o seu ponto de vista para vencer a oposição; é preciso manter a flexibilidade e a mente aberta para conseguir melhores soluções. Negociar com competência também significa conduzir os diálogos de tal maneira que o parceiro também se mantenha, tal como nós, num estado energético competente e criativo, a fim de tomar parte numa conversa que vise uma solução positiva para ambos.

O sucesso começa na cabeça

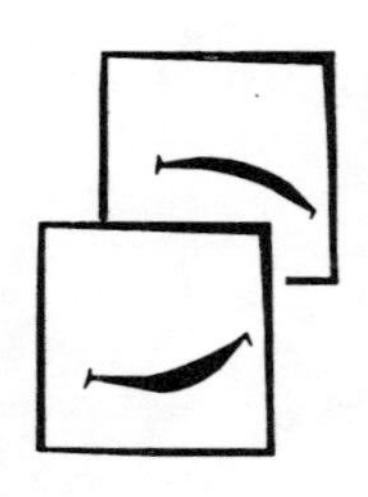

No nosso terceiro caso, Maria C. impediu a colega de demonstrar sua disposição de trocar o dia de folga. Maria estava convencida de que, se a troca implicasse algum esforço para a colega, era preferível renunciar ao seu pedido. Com isso, ela determinou o fracasso de sua negociação. Maria acreditou que não conseguira conquistar a simpatia da colega para sua causa no início da negociação. Ela chegou a essa conclusão devido muito mais à postura da colega do que ao seu próprio comportamento. Outros fatores pareciam confirmar esse sentimento. Eles não trouxeram nenhuma solução ao caso. No entanto, muitas vezes é possível encontrar uma solução — a dissolução dos padrões pessoais de pensamento — se nos desapegarmos dos nossos pontos de vista momentâneos.

Maria procurou lembrar se alguma vez havia aceito ajuda de alguém, mesmo que essa ajuda implicasse um esforço extra por parte dessa pessoa. Ela se lembrou de uma cena do passado distante. Maria havia pedido o apoio de uma colega de escola. Esta consentiu em ajudar, mas com relutância, pois isso lhe traria alguns transtornos.

Depois, a colega de escola exigiu compensações pelo favor prestado. "Você acha que eu tive todo esse trabalho de graça? Recusar-se a me ajudar agora é injusto." Maria não quis ser injusta, mas disse a si mesma, que, por esse preço, bem que teria renunciado à ajuda naquela ocasião.

A partir desse momento, seu lema era: "Se o que eu peço dá trabalho aos outros, é melhor não aceitar a oferta." Inconscientemente, ela completava o pensamento assim: "Pois em alguma ocasião terei de prestar contas e pagar um favor com outro." Essa experiência havia sido gravada inconscientemente em seu pensamento e tornou-se um padrão.

Esse tipo de experiência pode ser superado se procurarmos nos lembrar de acontecimentos positivos, transpondo os resultados satisfatórios para a situação a ser resolvida.

De estratégias ineficientes para estratégias bem-sucedidas

Uma outra maneira de eliminar padrões de pensamento ineficientes e desenvolver estratégias mais eficazes é ir em busca de um modelo. É preciso imaginar como uma pessoa que admiramos muito se comportaria numa situação semelhante. Então podemos agir tal como faria o nosso modelo, enquanto revivemos mentalmente todo o nosso comportamento, passo a passo. Ao fazer isso, devemos procurar reviver a cena do modo mais vívido possível. Isso significa ver o nosso parceiro e o ambiente tão nitidamente quanto possível. Ouvimos as vozes, os ruídos e os sons como se a cena estivesse acontecendo no momento. Nosso cérebro considera as imagens mentais como se fossem acontecimentos reais. A intensidade das imagens é decisiva. Se, além disso, observarmos a cena de um ponto de vista distanciado, nosso campo de visão se amplia consideravelmente. Assim, deixamos de ser meros atores da cena, para sermos também os diretores artísticos.

Há uma terceira possibilidade para nos livrarmos de padrões negativos. Também nesse caso procuramos repassar mentalmente uma situação que gostaríamos de mudar. Para reconstruir a cena de forma mais positiva, imaginamos que temos mais algumas aptidões. Fingimos que desenvolvemos essas aptidões e precisamos ver se elas melhoram a situação. Maria escolheu essa possibilidade. Depois de se ter imaginado competente, ela ficou mais atenta aos desejos da sua colega, e compreendeu que esta teria muito mais prazer em ajudá-la se o seu esforço fosse reconhecido e recebesse elogios por isso. Logo Maria percebeu que o fato de aceitar a ajuda das outras pessoas fez com que seus relacionamentos melhorassem.

Sapo ou Príncipe?

Nós decidimos o que
queremos ser

Por meio das suas experiências e das conclusões a que chegar, você desenvolverá sistemas de valor e dogmas que influenciarão o seu comportamento no futuro. Determinados estímulos — imagens, palavras, sons, uma sensação ou um toque — despertam a memória, na maioria das vezes de modo inconsciente, levando a um estado de bloqueio e, assim, à incompetência. Podemos nos tornar prisioneiros dos nossos pensamentos. Fazendo um trabalho consciente com a nossa percepção sensorial e desenvolvendo estratégias mais eficientes, podemos desenvolver nossa capacidade e nossas experiências.

Existem três crenças muito comuns que limitam a nossa competência e criatividade, e não nos deixam desenvolver estratégias comportamentais eficientes:

— Sempre tenho de ser perfeito.
— É preciso que os outros gostem de mim.
— A outra pessoa tem de ser diferente.

Essas crenças muitas vezes estão enraizadas em nós devido a experiências da primeira infância. Hoje, no entanto, temos a capacidade de uma pessoa adulta. Podemos mudar nossas crenças para melhor e nos libertar das experiências que consideramos negativas, transformando-as num tesouro de experiências.

Posteriormente, criamos mentalmente a idéia da competência, que nos leva a negociar com sucesso: não precisamos mais esperar por soluções exteriores; ao contrário do que acontece nos contos de fada, podemos decidir por nós mesmos se queremos ser sapo ou príncipe!

Concentre-se nas oportunidades, não nos problemas!

É possível que já lhe tenha acontecido algo assim: antes de uma negociação importante, você já havia idealizado mentalmente tudo, mas as coisas não aconteceram como você previu. Seus argumentos mais convincentes não impressionaram o parceiro. As reações dele diante da sua exposição foram diferentes das que você esperava. Além disso, uma terceira pessoa, que você não conhecia, participou da conversa. Então você teve de ser flexível. Precisou usar sua criatividade. O velejador também tem de mudar a posição da vela quando o vento muda de direção. Mas mesmo com o vento contra, ele consegue chegar ao seu objetivo.

Algo semelhante aconteceu com o especialista em vendas Lange, quando visitou o sr. Krause, diretor executivo júnior do seu cliente mais importante. Ele quis dizer algo bem positivo logo no início da conversa: "Eu li no jornal que o seu pai tornou a falar a favor da Liga no Parlamento Federal e que as palavras dele foram muito elogiadas." A reação não foi a que esperava: "Sim, isso é de fato um problema. Meu pai só tem tempo para trabalhar pela Liga. Ele deixa para mim todas as tarefas da empresa." Então o sr. Krause ficou pensando nos problemas que esse fato acarretaria, e o sr. Lange, no problema que havia arranjado para si mesmo começando a conversa dessa forma.

No entanto, o sr. Lange não perdeu o domínio da situação, pois percebeu que a conversa tomara outro rumo. Obviamente, havia tocado num ponto muito importante para o sr. Krause. Mas isso não era um problema, mas uma oportunidade para ambos. O olhar do sr. Krause indicava que ele estava absorto, concentrado em seus problemas. O sr. Lange conseguiu ampliar essa visão comentando sobre muitos executivos juniores que nunca haviam podido desenvolver-se na empresa por estarem à sombra dos pais. O sr. Krause reconheceu que estava sobrecarregado de serviço, mas também que tinha mais possibilidades de impor as próprias idéias na empresa. Só que ele dependia de sócios confiáveis. O sr. Lange apresentou-se como um deles. A negociação foi encerrada com sucesso.

O sr. Lange demonstrou flexibilidade, não se concentrando unicamente nos problemas, mas também reconhecendo as oportunidades que a situação oferecia. Além disso, ele mudou seu comportamento de acordo com a reação que observou na pessoa com quem dialogava. O sr.

Lange não julgou negativamente as palavras do sr. Krause; ele as valorizou.

O comportamento do nosso interlocutor, além disso, sempre é uma reação ao nosso próprio comportamento. Se não estamos satisfeitos com o retorno, podemos mudar nossa atitude de maneira a obter a reação desejada. Se mantivermos a mesma atitude, se insistirmos nela, acreditando que a reação possa ser outra, isso é sinal de que esperamos que o outro passe a conduzir a conversa. Conduzir um diálogo de negócios significa, no entanto, transmitir sinais que garantam o bom andamento da conversa.

O bom andamento da conversa também influencia o nosso estado de ânimo. Quando nossa energia é criativa, conseguimos usar nossas capacidades, somos criativos e podemos adotar novos tipos de comportamento. Nós nos sentimos bem.

Novas idéias nos ocorrem, descobrimos soluções melhores.

O contrário acontece quando estamos bloqueados. Não conseguimos usar nossas capacidades. Nada mais dá certo. A cabeça gira.

Quando repassamos mentalmente os fatos, encontramo-nos num estado intermediário entre o criativo e o bloqueado que nos conduz ao aqui e agora. Nós nos concentramos na situação concreta e no nosso parceiro. Por meio da visão, da audição e de sentimentos concretos, tomamos mais consciência do nosso ambiente.

Quando estamos bloqueados, nós nos fixamos no problema, muitas vezes por causa de lembranças do passado. No estado energético criativo, demonstramos originalidade e perspicácia para aproveitar as oportunidades, disposição para atingir o nosso objetivo e determinação para chegar ao futuro com êxito. Nem sempre é fácil passar diretamente do estado bloqueado para o estado criativo por meio da ativação dos sentidos. Quando relembramos os fatos passados, conseguimos eliminar os bloqueios. Passamos a ter uma visão mais ampla e consciente da situação. Isso abre novas perspectivas, permitindo que surjam novas idéias e nos faz enxergar outras possibilidades.

Mudando a postura do nosso corpo, podemos fazer com que nossos pensamentos também se modifiquem. Se sentirmos que estamos começando a ficar bloqueados durante a negociação, podemos mudar de posição na cadeira, ou alterar a posição da cabeça, levantar para abrir uma janela ou servir café, etc.

O mesmo acontece quando percebemos que o nosso interlocutor está bloqueado. Também nesse caso devemos fazer com que ele modifique a postura do corpo. Em geral, isso também muda o rumo da negociação.

Com um pouco de prática e de atenção, descobrimos estímulos especialmente eficazes que despertam a nossa energia criativa. Trata-se de determinados movimentos ou posições das mãos ou do corpo, de um tipo especial de respiração ou de uma palavra-chave. Também obtém-se esse tipo de estímulo pressionando um ponto nas costas das mãos.

Esses estímulos aumentam nossa competência na negociação. O fato de tentar relembrar certas situações ajuda-nos, ajuda nosso parceiro, aumentando seu bem-estar, melhora a situação e também faz com que percebamos melhor o aqui e agora.

Quando despertamos nossa energia criativa, conseguimos usar todas as nossas capacidades. Quanto mais amplo for o nosso leque de informações e quanto mais abertos estivermos às mudanças de comportamento, maior será a nossa flexibilidade ao negociar e maior a chance de chegar a um resultado positivo.

Como determinar pessoalmente o curso a seguir

Quando o vento muda de direção, temos de alterar a posição das velas para alcançar nossa meta.

Exercícios de Neurolingüística

Para fazer bons negócios, nossos objetivos devem estar de acordo com os objetivos dos outros. Se, logo no início, não estabelecermos um verdadeiro contato com o nosso parceiro, conduziremos a conversa sem levá-lo em conta; o fato é que ele é uma pessoa independente; é como se, ao telefonar, escolhêssemos apressadamente um número qualquer e saíssemos falando sem esperar que a pessoa do outro lado da linha atendesse à ligação.

É preciso fazer um esforço para "manter uma boa ligação" com o parceiro. Falas alternadas entre duas pessoas não constituem um verdadeiro diálogo. A ligação com a pessoa com quem dialogamos só ocorre quando estamos em contato direto com ela.

Na maioria das vezes, quando nos preparamos para fazer uma negociação, o conteúdo da conversa ocupa um papel predominante. Antes de mais nada, a simpatia e um relacionamento positivo são uma decorrência da expressão da voz, da linguagem dos sinais não-verbais — expressão corporal, gestos, etc. Os exercícios a seguir ajudam a provocar uma sintonia não-verbal com o parceiro.

Seu elo de ligação com o parceiro

Adaptação não-verbal

Quando dançamos, prestamos atenção aos movimentos e à postura do parceiro. A cada passo, procuramos adaptar nosso ritmo ao dele. Certamente, uma adaptação exagerada ou demasiado óbvia é vista como imitação. Enquanto fazemos estes exercícios, podemos exagerar um pouco até conseguirmos chegar à sensação correta. Para esses exercícios vale o mesmo que vale para o esporte: no treinamento, dá-se ênfase a determinados procedimentos, que depois, no momento da competição, serão usados de forma dosada e adequada à situação.

Em primeiro lugar, é preciso analisar muito bem o parceiro, para podermos adaptar nossa conduta à dele. No que se refere à postura do corpo, temos de observar se o tronco dele está curvado para a frente ou para trás. Onde estão as mãos? Estão cerradas, caem soltas ao lado do corpo ou apóiam a cabeça? Ao sentar-se, as pernas estão cruzadas? Nosso interlocutor está imóvel ou anda de um lado para outro? Acaso ele tamborila os dedos na mesa, agita os pés, balança a cabeça? Sua coluna está alinhada, sua postura é simétrica ou ele pende para um dos lados? Isso indica se ele está ou não num estado energético de equilíbrio. Ele respira de modo regular ou irregular? Sua respiração é profunda ou superficial? Ele respira depressa ou devagar? Seus gestos e sua expressão facial nos mostram sua irradiação energética. Nosso parceiro é alegre, franco, interessado, observador, admirado, imóvel, rígido, paciente, cuidadoso, reservado, desconfiado, hostil ou irado? É preciso observar especialmente a região da boca, da testa, as sobrancelhas; as ocasionais rugas na base do nariz ou uma possível tensão nos maxilares. É preciso procurar interpretar os movimentos dos olhos, que nos indicarão com que sentidos o parceiro capta primeiro o seu meio ambiente e como ele desperta lembranças e experiências.

Se nos sintonizarmos com o nosso parceiro de negociação, transmitiremos a ele sinais que despertarão nele a confiança. Nosso objetivo é um estado mais positivo de ânimo.

Imitando a postura corporal, a respiração e os gestos do parceiro, obtemos indícios do seu estado de espírito. Há um ditado dos índios americanos que diz: "Não julgues ninguém sem antes teres caminhado muitas milhas com seus mocassins."

1º Passo: Tornamos nossa comunicação não-verbal semelhante à do nosso parceiro e obtemos um campo de relacionamento comum. Podemos comprovar até que ponto fomos bem-sucedidos em estabelecer contato com ele no **2º Passo**: neste momento mudamos nossa postura e observamos se o nosso parceiro nos acompanha. O fato de ele nos imitar é prova de que conseguimos fazer uma boa ligação com ele e que ele está receptivo aos sinais que recebe. Usamos esse expediente de forma respeitosa. Se, por exemplo, sentirmos que a postura física ou a respiração do nosso interlocutor estão tensas, modificaremos a nossa postura até sentir que ele se descontrai. Se o nosso parceiro conseguir melhorar seu estado de ânimo, há a chance de ele ficar mais receptivo.

Faça os exercícios junto com um parceiro. Primeiro você (parceiro A) pode se lembrar de um fato positivo; na segunda vez, lembre-se de uma experiência negativa e sintonize-se com ela até chegar à postura corporal, à respiração e aos gestos que adotou na ocasião. O parceiro B procura aos poucos sintonizar-se não-verbalmente com o parceiro A, até que por fim fará A reorientar-se. Nos exercícios, A procura representar vários papéis: ele se mostrará receptivo, satisfeito, cauteloso, observador, ressentido, alegre, entusiasmado, irritado, irado, etc. B tentará sentir esse estado de espírito. Posteriormente, A e B trocarão de papéis.

Se não tiver um parceiro para fazer o treinamento, use diversos acontecimentos do dia-a-dia para exercitar-se; por exemplo, nos encontros ocasionais, ao tomar uma condução, etc. Mesmo que nesse caso tenha de agir com um pouco de cautela, você pode treinar seu poder de observação.

Adaptação verbal

Dependendo das pessoas e das situações, um dos seus canais sensoriais é ativado: a visão, a audição ou o tato. Além da posição dos olhos, as palavras usadas também dão uma indicação do plano de percepção predominante, do pensamento adotado naquele momento. Quando somos flexíveis, conseguimos nos adaptar ao parceiro por meio da escolha de palavras.

Assim temos uma oportunidade maior de sermos realmente entendidos pelo parceiro. O exercício consiste em treinar-se a ouvir e a organizar as expressões sensoriais específicas do nosso parceiro. Se ele usar analogias, metáforas e exemplos, podemos analisar se eles evocam lembranças ou pensamentos por meio da visão (imagens), da audição (palavras, sons) ou cinestesicamente (sentimentos). Também podemos prestar atenção à inflexão da voz, ao timbre, à rapidez com que as palavras são pronunciadas, etc. Seguem-se alguns exemplos de como a linguagem pode nos dar indicações do plano de percepção.

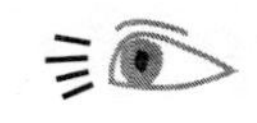

Visual: Ver, observar, olhar, prestar atenção, mostrar, olhar fixamente, imaginar, descrever, descrever cores, perspectivas e ângulos visuais. Esses são os termos que definem esse âmbito. Podem ser usadas as seguintes expressões: quadro-negro, isso está claro como o sol, isso se enquadra no assunto, isso me parece bem, é preciso ter uma visão abrangente, consigo ver através de, ele me parece triste, isso não tem cor ou faltam-lhe contornos bem definidos.

Auditivo: As palavras correspondentes são: ouvir, falar, chamar, tagarelar, dizer, perguntar, comentar, calar, fazer barulho, soar, sintonizar, mencionar, questionar, harmonia, som, tonalidade, desarmonia, estrondo, etc. Expressões típicas: Ele "teve um clique", vou dar um aviso, isso me parece sensato, vai haver briga, ele foi esmagado pelo adversário, preste atenção às meias palavras, isso soa bem, é uma injustiça gritante, não meta a boca no trombone, etc.

Cinestésico: Nessa ocasião, são usadas palavras como perceber, captar, tocar, sentir, fácil de manipular, ansiar, frio, quente, liso, áspero, deitar a mão, seco, úmido, morno ou quente,

Descobrir o tom correto

etc. Expressões correspondentes: a indicação está correta, o argumento é bom, isso ainda vai dar pano pra manga, vamos meter a mão, estou com uma sensação de fraqueza.

Olfativo/Gustativo: cheirar, aromatizar, feder ou estar gostoso, picante, doce, insosso, sem gosto, azedo, etc., são palavras que indicam esse âmbito. Expressões típicas: isso está me cheirando mal, isso não me apetece, essa negociação azedou, isso vai ter um gosto amargo no final, isso vai me virar o estômago, ou isso está me cheirando a surpresa.

Quanto mais nos adaptarmos à fala do parceiro, tanto maior a nossa chance de que ele nos compreenda, independentemente do teor das afirmações. Melhoramos o contato com o parceiro à medida que estabelecemos uma ligação melhor com ele, pois estamos transmitindo e recebendo na mesma freqüência. Como os músicos de uma orquestra, primeiro temos de afinar os instrumentos. Só quando consegue a afinação correta é que o violinista pode tocar.

Audição ativa

Você ainda se lembra do exemplo inicial com Helmut B. e o papelão alcatroado? O colega de Helmut poderia ter reagido com uma explicação e a conversa teria se degenerado até chegar a uma discussão. Já tratamos de Helmut e do comportamento dele. Agora vamos observar o que o seu colega — digamos que se chama Karl — poderia ter feito para evitar o desentendimento. É evidente que sua explicação, bastante objetiva, não foi o caminho certo: "Hoje, na hora do almoço, fiquei sabendo que o papelão alcatroado não vai mais ser usado aqui. "Qual o problema se dei um pedaço para alguém que estava passando?" Helmut se sentiu incompreendido.

Se ouvisse ativamente, Karl primeiro teria repetido a fala de Helmut com suas próprias palavras, para ver se entendera corretamente a questão. Isso poderia ter sido assim, por exemplo: "Você acha que eu não deveria ter dado o papelão para outra pessoa?"

A resposta de Helmut poderia ter sido: "Não, eu não disse isso, mas pedi primeiro." Karl continua ouvindo atentamente. "Você acha que quando eu soube que o papelão alcatroado estava disponível eu deveria ter falado com você, antes de dar uma peça para alguém?"

"Sim, é isso mesmo." Assim, Helmut ao menos se sentiria compreendido. No desenrolar da conversa, esse tema ainda poderia ter sido tratado de forma positiva.

Por esse exemplo, podemos esclarecer três elementos essenciais da audição ativa:

1. Na maioria das vezes, a pessoa com quem se fala dessa forma, no caso, Helmut, descontrai-se quando pode concordar com a outra a quem acabou de censurar. Com freqüência, imediatamente o clima fica mais leve, os gestos são mais calmos e relaxados. Oportunamente, pode até surgir um sorriso, assim que a pessoa interrogada percebe o que pretendia com aquela agressão. Então ela pode concentrar-se mais depressa no verdadeiro objetivo da conversa.

2. Também a pessoa que ouve ativamente, Karl, demonstra de modo claro que não entrará numa disputa sem saber por quê. Com seu esforço, Karl dá indicações ao parceiro de que o está levando a sério. Assim ele estabelece a base para uma solução em que ambos sairão ganhando.

3. Não importa se a primeira tentativa não surte o efeito esperado. Ao contrário, se a primeira suposição não fosse verificada, se não fosse considerada correta, Karl e Helmut estariam discutindo em vão. Quando não temos um assunto em comum, falta-nos uma base para um diálogo construtivo. Isso leva a mal-entendidos e a brigas inúteis.

Muitas vezes, censuras são desejos que não foram atendidos.

As censuras são motivadas por desejos não atendidos

A audição ativa ajuda-nos a reconhecer o desejo que está oculto por trás da censura. O tema então seria: Podemos realizar esse desejo?

Entender o parceiro através do reflexo

E o que podemos fazer juntos para concretizar esse desejo na medida do possível?

Na maioria das vezes, reagimos às censuras com justificativas, ou elas ativam em nós o efeito de Neandertal. Também a audição ativa pode ser praticada com um parceiro. Um dos parceiros assume o papel de A, e o outro, o de B; de tempos em tempos, os dois trocam de papel: A faz a censura a B. A tarefa real é de B, que não aceita a censura, mas tenta repetir com as próprias palavras o que A disse, até receber de A um "sim", um "estou de acordo".

No papel de A, você sente que se descontrai assim que reconhece o esforço do parceiro para atender seu pedido. Também no papel de B, você perceberá como desaparece dessa forma a agitação que não permite que se tenha o controle da conversa. Assim que vocês reconhecerem o assunto comum, conseguirão o diálogo.

Se não houver um parceiro disponível, você também pode aproveitar os acontecimentos do dia-a-dia para o treinamento dessa técnica. Talvez você não tenha a oportunidade de trocar comentários com o parceiro, mas pelas reações dos seus interlocutores poderá sentir que está fazendo progressos. Ao aceitar o outro, ao adaptar-se a ele, você passa a controlar a si mesmo e ao parceiro de forma positiva, ou seja, você entra num estado de energia que possibilita a ambos voltarem-se para o problema com vistas a chegar ao objetivo.

A audição ativa não só é útil no início de uma negociação, mas também no caso de surgirem censuras, desentendimentos ou mal-entendidos. Também é útil nas ocasiões em que não podemos aceitar mais claramente a pretensão do nosso parceiro; a audição ativa sempre ajuda a entendê-lo melhor e a sintonizar-se com ele.

Não é possível transpor um abismo de olhos fechados. Ao contrário, é fácil cair nele; é como se a nossa conversa despencasse. Podemos transpor abismos por meio de pontes. Uma negociação competente une as pretensões e interesses do nosso interlocutor com os nossos objetivos.

Concentre-se no objetivo

"Se você não conhece o porto para onde quer velejar, nenhum vento será favorável."
— Sêneca

Com a clareza das nossas ações, conduzimos a negociação para o porto ao qual vale a pena chegar. Estabelecer a ligação com o parceiro e conhecer o mundo dele também significa reconhecer o vento e as condições do clima; significa aceitá-los e levá-los em consideração.

Com nosso comportamento, posicionamos a vela de tal maneira que conseguimos atingir o objetivo da negociação de forma construtiva. Também quando usamos caminhos alternativos ou quando temos de nos desviar de uma frente fria, não perdemos o objetivo de vista.

A definição do objetivo é um processo que pode ser desmembrado nos seguintes passos. Se você descobrir que ainda não considera o objetivo originalmente visado como adequado ou ótimo, você pode repetir os passos várias vezes. Para definir seu objetivo, siga as instruções a seguir:

1. Defina o seu objetivo usando expressões positivas. Portanto, concentre-se nos resultados e não nos problemas.
2. Determine o objetivo de forma clara. Reflita sobre ele. Formule-o de forma visível, palpável e clara.
3. Analise se o seu objetivo pode ser alcançado. Que tipo de mudanças ele provoca?
4. Leve em conta a situação, o seu parceiro e o estado de espírito dele.
5. Examine o que você precisa fazer para alcançar o seu objetivo.
6. Analise se o seu objetivo é importante para você. Você está disposto a arcar com as conseqüências?

Siga cada um dos seis passos para descobrir quais são os seus objetivos e para analisá-los. Imagine uma negociação que você fará nos próximos dias e lembre-se de outra que fez no passado, ocasião em que lhe faltou uma imagem clara da sua meta.

Analise o seu modo de agir

Com relação ao 1º passo: Muitas vezes o objetivo é definido usando-se expressões negativas. Por exemplo: "Espero que não, acho que não será..."; "Tomara que não seja um fracasso"; "Vou me esforçar para que a minha pro-

Imagem do objetivo

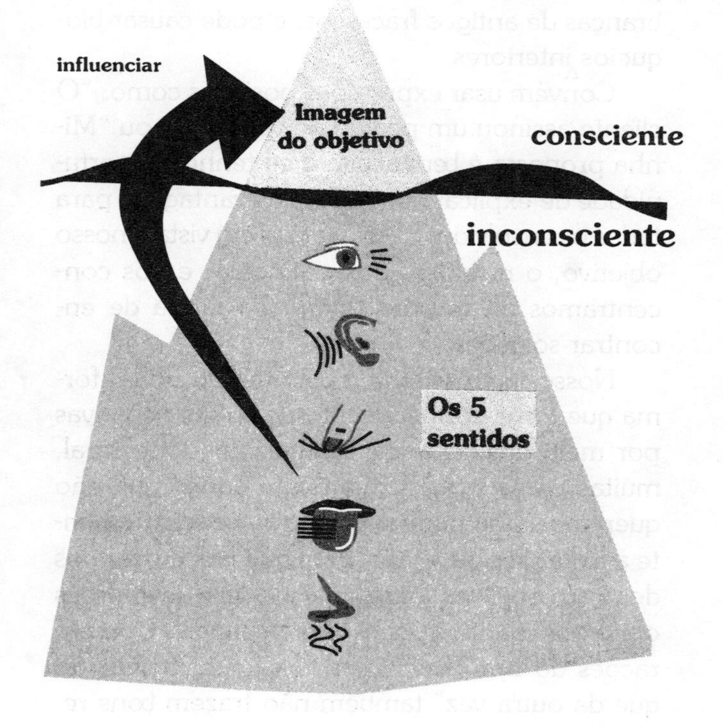

Ative suas capacidades inconscientes por meio dos cinco sentidos

posta não seja recusada"; ou "Tomara que eu não seja tratado mal como da última vez". Essas formulações negativas na verdade desviam nossa atenção para o problema. A menção de um possível resultado negativo pode despertar lembranças de antigos fracassos, e pode causar bloqueios interiores.

Convém usar expressões positivas como: "O cliente assinou um pedido de venda...", ou "Minha proposta é bem aceita e eu tenho a oportunidade de explicar com calma as vantagens para todos os envolvidos". Aqui temos em vista o nosso objetivo, o resultado a ser atingido, e nos concentramos ao mesmo tempo na tarefa de encontrar soluções.

Nosso inconsciente é estruturado de tal forma que toma conhecimento de coisas negativas por meio dos sentidos. Como imagem central, muitas vezes surge exatamente aquilo que não queremos. Isso pode nos levar inconscientemente à irritações ou a fazer com que nos desviemos do nosso objetivo. Por isso, você deve definir seus objetivos usando expressões positivas. Comparações do tipo "quero um resultado melhor do que da outra vez" também não trazem bons resultados.

Procure usar expressões positivas para definir o seu objetivo, evitando fazer comparações!

Com relação ao 2º passo: Imagine o objetivo de forma tão nítida e clara quanto possível. Firme uma imagem mental do objetivo, descreva-o para si mesmo e procure sentir os sentimentos associados com ele. Use o modelo da posição dos olhos. Lembre-se de que o modelo é baseado na posição dos olhos das pessoas destras e descritas do ponto de vista de um observador. Para analisar a posição dos seus próprios olhos, analise uma imagem refletida num espelho ou inverta as indicações de "direita" e "esquerda". Fazendo isso, você toma conhecimento do seu objetivo por meio dos sentidos e o armazena como uma experiência mental. Tenha por escrito a descrição do seu objetivo. Isso o ajudará a se recordar dele e você sempre poderá recorrer às anotações enquanto cumpre as etapas seguintes.

Com relação ao 3º passo: Este passo se resume à pergunta: de que modo reconhecemos que objetivo foi alcançado? O que mudará? Dessa forma, você pode avaliar se foi bem-sucedido e até que ponto.

Com relação ao 4º passo: Não estabeleça objetivos difíceis demais. Aproveite suas aptidões e não desperdice nenhuma chance. Seus objetivos devem ser ambiciosos, mas realistas.

Se não forem realistas, você mesmo estará decretando o seu fracasso.

Os objetivos não são realistas quando não levamos em consideração a situação, o contexto e as exigências resultantes. Antes de nos concentrarmos no objetivo em si, temos de providenciar as condições ideais, além de levar em conta também o parceiro, seus interesses e objetivos.

Antes de tudo temos de estar subjetivamente convencidos de que conseguiremos realizar o objetivo. Dúvidas podem despertar medo, sentimentos negativos e bloqueios interiores. A confiança nos deixa mais fortes e atua dando-nos asas.

Com relação ao 5º passo: Na maioria das vezes, os objetivos não se realizam por si mesmos. Por isso convém que você faça a si mesmo a pergunta: o que eu tenho de fazer para alcançar o meu objetivo? Preciso fazer alguns preparativos ou coletar informações? Como posso entrar em sintonia com o meu parceiro e estar em harmonia comigo mesmo? O que eu preciso fazer para que o meu parceiro reaja de maneira que eu possa alcançar o meu objetivo?

Com relação ao 6º passo: Examine até que ponto o objetivo é relevante para você. Pergunte a si mesmo: Estou disposto a arcar com as conseqüências associadas à realização do meu objetivo?

Para responder a essa pergunta leve em conta as idéias concretas do segundo e do terceiro passos. Depois de termos formado a imagem do nosso objetivo, usando todos os nossos sentidos, e o imaginarmos realizado, também poderemos verificar se as suas conseqüências são aceitáveis e se de fato queremos alcançá-lo. Veja se você se sente satisfeito e feliz quando pensa no que realizou.

Um exemplo: Jutta, caixa de um supermercado, quer um aumento de ordenado. Procura se informar e descobre que, em comparação com as colegas, está ganhando muito bem. Por isso, ela diz ao diretor do supermercado que gostaria de assumir a supervisão das caixas. Ela estava convencida de que sabia fazer o balanço do encerramento diário das caixas, o que até então era feito pelo gerente do supermercado. Durante as negociações, ela pôde oferecer uma vantagem: se assumisse o cargo, deixaria o gerente livre dessa tarefa. Ao imaginar o que mudaria em sua vida com o novo cargo, ela viu que teria de ficar mais vinte minutos na loja todas as noites para supervisionar o fechamento das caixas. Ela se sente satisfeita, especialmente por ganhar mais. Angustiante, contudo, é a idéia de ter de assumir uma função disciplinadora junto às colegas devido à posição de supervisora. Ela modifica seu objetivo outra vez e o concretiza: supervisão das caixas, com o controle das contas isoladas, e o fechamento geral das caixas, porém sem poderes disciplinares.

Como constatou depois, a alteração do seu objetivo foi aprovada pelo gerente do supermercado. Ela foi bem-sucedida em sua negociação.

A vantagem deste passo é que podemos examinar se estamos dispostos a aceitar a situação com todas as suas implicações, por meio de uma espécie de teste: fazemos de conta que já alcançamos o objetivo.

Com um pouco de prática, você logo se habituará a usar os seis passos ao se preparar para negociações importantes. Ter uma visão clara de um objetivo é fundamental pois demonstra ao parceiro a sua competência. Para garantir o sucesso da negociação, tenha em mente o seu objetivo também durante o diálogo. E procure agir de acordo com a situação e o parceiro.

Procure encontrar novos caminhos

O sr. Binder queria recompensar seu colega, o sr. Neumann, por este ter encerrado uma reestruturação técnica no prazo, e com êxito. Ele convidou o sr. Neumann e a mulher para um final de semana prolongado em Londres, com direito a passagem de avião e entradas para um espetáculo musical. Embora agradecesse delicadamente, o sr. Neumann pareceu ficar em dúvida. Sua atitude também não mudou quando o sr. Binder comentou sua última estada em Londres. O sr. Neumann ficou sem saber como reagir. Na verdade, ficou contente pelo fato de o seu trabalho ser reconhecido e não queria decepcionar o chefe, de maneira nenhuma. Mas odiava viajar de avião e não se sentia muito seguro dos seus conhecimentos da língua inglesa. Felizmente, o chefe foi um homem flexível. Ele fez algumas perguntas e deixou que o sr. Neumann falasse sobre o que o afligia. Como o objetivo do sr. Binder era dar uma alegria ao sr. Neumann, ele ofereceu uma solução melhor: uma estada em Viena, com viagem de trem.

Num outro caso, os funcionários de um dos departamentos de uma empresa se queixaram ao diretor do departamento de que tinham de responder a muitas perguntas que os usuários poderiam responder por si mesmos, se pensassem um pouco. "Então, quando ouço o telefone tocar, já fico de mau humor", esclareceu um deles. A opinião dele mudou quando o diretor os advertiu: "Imaginem se não houvesse mais telefonemas desse tipo. Talvez tivéssemos de fechar este departamento, ou ao menos reduzir o número de funcionários." Nesse caso, o que mudou não foi a situação, mas a ênfase nos aspectos positivos. Depois disso, as chamadas telefônicas não provocaram mais aborrecimentos, e os funcionários passaram a ter certeza de que eles eram necessários.

Muitas vezes, durante a negociação, nós ou o nosso parceiro parecemos nos concentrar em apenas um aspecto da questão e ficamos com a impressão de ter caído num círculo vicioso. Nesse caso, nossa energia é bloqueada e a conversa se dá sem trazer benefícios a ninguém. Então é hora de achar novos caminhos: antes de continuar a ler, observe a figura da página ao lado por alguns momentos e pergunte-se qual é a idade da mulher apresentada na ilustração. Em geral, primeiro vemos apenas um rosto: o de uma mulher muito jovem ou o de uma mulher mais

Esta mulher é jovem ou velha?

velha, com o queixo embaixo de um grande nariz. Por outro lado, essa linha pode ser apenas um colar, e o que antes era visto como um nariz agora é a maçã do rosto da mulher mais nova, que está de perfil. Com freqüência, as situações, ou o nosso parceiro não são o que parecem à primeira vista. Nós decidimos que parte devemos aceitar e ativar. Antes de tudo, é preciso ter flexibilidade quando a negociação não é construtiva.

Há duas formas típicas de estruturas limitadoras: a primeira pode ser formulada do seguinte modo: "Sempre que acontece X, eu me sinto Y" (reajo como Y). Isso significa que existe a crença num determinado inter-relacionamento (causalidade). Um determinado estímulo leva obrigatoriamente a essa única possibilidade de reação. Com isso, perde-se a flexibilidade. Uma dessas estruturas limitadoras é, por exemplo, a sensação de um vendedor: "Quando um cliente começa a fazer muitas perguntas e a querer saber detalhes sobre o produto, eu sei que ele vai me descartar." A possibilidade de que o cliente possa estar fazendo tantas perguntas por estar seriamente interessado no produto não é mais percebida. Nessas situações, pensar em novos inter-relacionamentos ajuda a interpretar os sinais e a desenvolver atitudes alternativas.

Amplie o seu campo de ação

Outra crença limitadora é traduzida na seguinte atitude: "Eu não sou Z (ou não sou Z suficiente)." Por exemplo, "Eu não sou tão rápido." Essa suposta deficiência nos limita. O estado criativo é ativado quando conseguimos ver uma saída, ou seja, uma oportunidade de modificar a situação. Essa atitude também nos impede de fazer declarações apressadas ou irrefletidas. O que antes era visto como um problema também apresenta vantagens.

Com o exercício a seguir você vai aprender a dar outro sentido a uma situação, a ampliar o seu leque de ações e a desenvolver alternativas de conduta.

1º passo: Qual é o problema que você gostaria de resolver? Se completarmos as sentenças com palavras como sempre, nunca, cada um, tudo, toda vez, etc., isso é indício de que vemos a situação como algo definido, em que existe uma única possibilidade de reagir. Assim, excluímos outras variantes da conduta.

2º passo: Pense um pouco nas ocasiões em que fez boas experiências graças a esse comportamento. Faça as pazes com o que viu anteriormente como um problema. Você se lembrará de situações em que esse comportamento teve lados positivos. Caso não se lembre de nada, pergunte a si mesmo: Como me comporto quando sou mais bem-sucedido? Se você não tiver presença de espírito, talvez consiga ser um bom ouvinte. Você dá a chance para outro falar e, assim, obtém informações e arranja um tempo para pensar.

3º passo: Existem outros tipos de comportamento que você possa adotar para alcançar seu objetivo? Tente descobrir ao menos três alternativas. Isso lhe dará flexibilidade. Uma única possibilidade de ação limita, duas levam rapidamente ao dilema "ou uma ou outra"; a partir de três você ganha mais liberdade de ação.

4º passo: Examine se existe algo contra a alternativa que resolveu usar. Caso a resposta seja afirmativa, pense se consegue descobrir outras possibilidades para substituí-la.

5º passo: Examine se em determinadas situações é mais conveniente adotar o comportamento A, enquanto em outras o comportamento B é mais vantajoso, e em outras ainda o C é a melhor opção. A reação que fora considerada limitadora pode continuar sendo uma alternativa viável. Este 5º passo o ajudará a ser mais flexível em cada situação.

O bom humor descontrai

Você ainda se lembra do terceiro exemplo do capítulo introdutório? Maria queria mudar o dia da sua folga. Quando a colega falou sobre a necessidade de fazer algumas mudanças em seus planos, e mencionou o trabalho que isso lhe daria, Maria recusou. "Se isso vai lhe dar tanto trabalho, darei um outro jeito. Achei que você gostaria de ajudar." Em vez disso, ela poderia ter pensado: "Se você não quer trocar seu dia de folga, então deixamos tudo como está." Nesse caso, a colega poderia ter sido mais flexível e, ter respondido, por exemplo: "Será que realizar o seu desejo não vale um esforço da minha parte?" Muitas vezes são os paradoxos ou os lances de humor que nos livram de processos rígidos de pensamento. O bom humor sempre relaxa, mesmo nas negociações. Mas antes temos de prestar atenção novamente no seguinte: primeiro é preciso um bom elo de ligação com o parceiro, uma ponte segura no relacionamento, para que não haja a impressão de que não estamos levando a outra pessoa a sério.

Para finalizar: planejamento de estratégias

No caso de negociações difíceis, convém fazer um preparo mental para começar a conversa de modo favorável e encerrá-la tendo em vista uma solução. Tudo gira em torno da questão: como chegamos ao nosso objetivo a partir da situação existente e conquistamos a colaboração do parceiro? Desenvolver estratégias significa pensar nos caminhos que levam à meta.

Vamos dar um exemplo final para esclarecer como preparar essa estratégia antecipadamente.

O sr. Meyer é programador de computadores. Na sua empresa será criado um novo cargo na área de consulta para usuários do PC, e ele pretende disputar essa posição. No cargo atual ele tem pouco contato com os colegas. O atual gerente do setor será o seu parceiro de negociação: ele também deve dirigir o grupo de candidatos. O objetivo do sr. Meyer é conseguir o cargo na área de consulta que poderá exercer junto com a outra função. Além disso, ele espera conseguir um aumento de salário. Enquanto se prepara para a negociação, o sr. Meyer faz uma lista dos seus argumentos:

- Estou profissionalmente apto para o emprego e sou capaz de fazer contato com os meus colegas.
- Minha atividade atual é muito monótona.
- Na semana passada me aborreci por ter trabalhado vários dias em vão, só porque recebi a informação tarde demais.
- Tenho todas as qualificações necessárias para exercer a função e conheço bem a maioria dos programas.
- Posso apresentar de forma simplificada até mesmo os inter-relacionamentos mais difíceis dos programas.

O sr. Meyer enumerou as seguintes objeções que seu chefe poderia apresentar:

- Se eu fizer a substituição, outra pessoa terá de assumir o seu cargo atual, e lhe faltará a experiência necessária com relação aos nossos projetos.
- Por que você quer trocar de cargo? Você faz bem o seu trabalho atual, não é mesmo? Eu não poderia colocar outra pessoa no seu lugar, pois essa substituição poderia atrasar o nosso projeto.

Primeiro, o sr. Meyer examinou mais uma vez seus argumentos para verificar até que ponto eles conseguiriam convencer o gerente do setor. O primeiro e os dois últimos argumentos eram bastante satisfatórios. Se tivessem um profissional competente na área de consulta, a reputação da sessão aumentaria também em outros setores; e isso seria vantajoso para o chefe dele. O segundo argumento serviria predominantemente pra si mesmo; na negociação, ele poderia desviar a atenção para argumentos de fato convincentes. O terceiro não constituía um argumento propriamente dito, pois não teria em vista o objetivo pretendido, mas apenas enfatizava eventos do passado. Essa questão só deveria ser levada em consideração se ele quisesse manter o cargo atual, ou se quisesse reformulá-lo com mais eficiência. Como não era esse o caso, ela o desviaria do verdadeiro objetivo. O sr. Meyer resolveu concentrar-se nos três argumentos reais que iriam atender aos interesses do seu chefe. Por fim, ocorreu-lhe mais um argumento ao planejar a estratégia, algo que inicialmente havia esquecido: ele tivera uma formação muito sólida no ramo de vendas antes de se especializar em computação; isso facilitaria seu contato com a divisão de vendas da empresa.

Em seguida, o sr. Meyer se ocupou das possíveis objeções à sua pretensão. Ele estava convencido de que podia invalidar a primeira objeção, se explicasse que ficaria à disposição do seu sucessor para esclarecer qualquer dúvida, ou no caso de surgirem problemas. A segunda objeção lhe daria oportunidade de usar o bom desempenho no cargo atual como recomendação para novas tarefas. Mas ele teve de aceitar que a terceira objeção era um contra-argumento real. Assim, ele mudou seu objetivo original: durante três meses, assumiria o cargo na área de consulta em regime de meio período, para ter tempo de trabalhar com seu sucessor e dar continuidade ao projeto. Com essa estratégia, o sr. Meyer foi bem-sucedido e obteve a permissão do gerente.

Uma negociação competente pode ser avaliada pelos resultados, quando são encontradas soluções aceitas tanto por nós quanto pelo nosso parceiro, são dois os ganhadores.

Para preparar importantes reuniões de negócios convém desenvolver estratégias que o deixem preparado para enfrentar as objeções do outro e, ao mesmo tempo, continuar flexível.

Se mantiver o estado energético criativo, você captará a situação do parceiro por meio dos sentidos, além de manter o seu objetivo real, podendo usar suas capacidades para negociar com competência. Nós lhe desejamos muito sucesso!

Prepare todas as negociações por escrito. Oriente-se pelo seguinte esquema, quando for planejar suas estratégias:

Assunto:

____

____

1ª situação:

____

____

Meu objetivo:

____

____

Meus argumentos:
- **Vantagens para o meu parceiro?**

____

____

Possíveis contra-argumentos:
- **Posso invalidar as objeções?**

____

____

Sugestão de leitura

Bandler, Richard; Grinder, John: *Refraiming. Ein ökologischer Ansatz in der Psychologie*. Paderborn, 1990.
Na PNL, "refraiming" significa interpretar e reformular problemas, analisando o assunto de outro ângulo e compreendendo-o. Os criadores da PNL dão muitas indicações, exercícios e exemplos nesse livro, que não é muito fácil de ler.

Bandler, Richard; McDonald, John: *Der feine Unterschied. NLP — Übungsbuch zu den Submodalitäten*. Paderborn, 1993. Usando muitos exemplos, esse livro apresenta sugestões de como podemos influenciar nossa disposição, nossas convicções e motivações por meio dos sentidos. Um livro para conhecedores do assunto.

Dilts, Robert: *Die Veränderung von Glaubenssystemen*. Paderborn, 1993.
Dilts, um discípulo de Bandler, enriqueceu a PNL com inovações. No livro, ele ensina técnicas recentes de PNL, mostrando como percorrer novos caminhos ou desapegar-se de velhas experiências de vida. O conhecimento dos modelos atuais de PNL facilita a leitura e a compreensão desse livro.

Kutschera, Gundl: *Tanz zwischen Bewusstsein & Unbewusstsein. NLP Arbeits- und Übungsbuch*. Paderborn, 1994.
Por meio de vários exercícios, o leitor é apresentado à PNL.

Mohl, Alexa: *Der Zauberlehrling. Das NLP-Lern- und Übungsbuch*. Paderborn, 1992.
Esse livro apresenta uma visão abrangente de todos os exercícios importantes da PNL e foi uma introdução aos métodos da PNL.

Weiss, Josef, com colaboração de Isolde Kirchner: *Selbst-Coaching*. Paderborn, 1990.
Com uma visão bastante prática, esse livro apresenta vários aspectos da PNL. O ponto-chave é obter poder pessoal e competência.

Birker, Gabriele e Klaus: *Bewusst leben mit dem Unbewussten*. Speyer, 1992.
Por intermédio da meditação consciente e do método dos três “S”, são desvendados caminhos para orientação pessoal de vida.

Os Autores

A **Dra. Barbara Schott**, desde seus tempos de estudante e, posteriormente, como mestra, já se interessava pelo que as pessoas famosas faziam de diferente. Principalmente durante seus estudos nos EUA, ela lecionou em várias áreas das ciências humanas, como Análise Transacional, Interação Temática Centralizada e, especialmente, PNL. Como responsável pelas vendas e como diretora da filial de uma grande empresa de seguros, usou durante vários anos sua experiência no setor de motivação, combate ao *stress* e comunicação.

Nessa época, como professora universitária em Nürenberg, desenvolveu com seus alunos de *marketing* novos conceitos de PNL, com grande sucesso particular e profissional, que possibilitaram a realização dos seus objetivos e lhes deram mais alegria de viver.

Atualmente, trabalha como consultora e instrutora tanto de gerentes como de leigos em seu próprio Instituto, "NLP-Praxis".

O **Dr. Klaus Birker** é economista experiente e se ocupa teórica e praticamente com os mais diversos aspectos do aprendizado da liderança, da comunicação e do desenvolvimento pessoal e organizacional, bem como da Psicologia empresarial. Com base na psicologia humanística, ele tem experiência, entre outras coisas, em Análise Transacional, Gestalt e PNL.

Sua pretensão especial é revelar caminhos para descobrir e usar construtivamente capacidades e recursos pessoais. Depois de mais de 20 anos de atividade no setor executivo, hoje ele é professor de Gerenciamento Empresarial (Aprendizado de Liderança e Controle) na Escola Especializada de Rheinland Pfalz. Desde 1987, junto com sua esposa, é conselheiro, treinador e *coach* no ABV Institut für angewandte Betriebsorganisation und Verhaltenspsychologie.

Dos mesmos autores, a editora Rowohlt Taschenbuch Verlag publicou:

Cool bleiben. Publicado pela Editora Cultrix com o título *Mantenha a Calma.*

Gut drauf sein, wenn's schiefgeht. Publicado pela Editora Cultrix com o título *Sair-se Bem, Mesmo Quando Tudo Vai Mal.*

Andere Wege wagen. Publicado pela Editora Cultrix com o título *A Decisão de Percorrer Novos Caminhos.*

Freunde finden [*Como Encontrar Amigos*] e *Prüfungsstress ade* [*Adeus ao Stress dos Exames*].

MANTENHA A CALMA

Programa de Neurolingüística

Barbara Schott

Com você também se repetem situações na vida cotidiana que o levam a reagir com irritação, com perda da dignidade e até mesmo com perda do controle?

Isso não tem de acontecer. Você pode aprender objetivamente, com meios simples, a modificar positivamente o seu estado de espírito. Este livro lhe mostra como ficar calmo, despertando a simpatia dos outros graças a uma atitude relaxada, descontraída, da sua parte.

O Programa de Neurolingüística (PNL) baseia-se em técnicas e exercícios testados com sucesso no setor administrativo e nas áreas de gerenciamento.

Os exercícios de PNL são apresentados de uma forma que você pode assimilar e repetir facilmente.

* * *

Barbara Schott, autora de *Sair-se Bem, Mesmo Quando Tudo Vai Mal* e de *A Decisão de Percorrer Novos Caminhos*, ambos publicados pela Editora Cultrix, é economista e administradora de empresas. Atualmente, trabalha como consultora administrativa no setor de serviços do seu próprio Instituto, sediado em Nürenberg.

EDITORA CULTRIX

A DECISÃO DE PERCORRER NOVOS CAMINHOS

Programa de Neurolingüística

Barbara Schott

Às vezes você tem a sensação de que todas as coisas acontecem obedecendo a roteiros imutáveis? Algo o impede de optar por novos caminhos, abandonando seus monótonos limites? Você se sente preso a trilhas sempre usadas e gastas? Já pensou por que isso acontece com você? Na verdade, o fato de não conseguirmos deixar para trás as coisas às quais estamos acostumados e achar difícil optar por novos caminhos tem um motivo principal: quase todas as nossas decisões são tomadas de forma inconsciente. No entanto, você pode modificar essa forma de encarar a vida.

Este livro lhe mostra como você pode tomar a iniciativa e aprender a auto-administração criativa sem maiores problemas.

O programa Psycho-Power proposto por Barbara Schott tem como base técnicas e exercícios testados com sucesso no setor administrativo, bem como exercícios de Programação Neurolingüística (PNL). Todos esses exercícios são apresentados de uma forma que você pode assimilar e repetir facilmente.

* * *

Barbara Schott, autora de *Sair-se Bem, Mesmo Quando Tudo Vai Mal* e de *Mantenha a Calma*, ambos publicados pela Editora Cultrix, é economista e administradora de empresas. Atualmente, trabalha como consultora administrativa no setor de serviços do seu próprio Instituto, sediado em Nürenberg.

EDITORA CULTRIX

SAIR-SE BEM, MESMO QUANDO TUDO VAI MAL

Programa de Neurolingüística

Barbara Schott

Quem já não teve a sensação de que nada está dando certo? Quem ainda não teve medo de fracassar, mesmo nas coisas mais simples? Muitos sofrem porque não conseguem realizar seus sonhos e outros porque imaginam que lhes falta algo que não sabem definir o que é. No entanto, nenhum fracasso se transforma numa catástrofe se formos capazes de deixar de pintar a situação com cores sombrias e se, além disso, formos capazes de ver o lado positivo da situação.

Este livro pretende ajudá-lo a mobilizar suas energias criativas em situações difíceis por meio de métodos surpreendentemente simples.

O Programa de Neurolingüística (PNL) baseia-se em técnicas e exercícios testados com sucesso no setor administrativo e nas áreas de gereciamento.

Os exercícios de PNL são apresentados de uma forma que você pode assimilar e repetir facilmente.

* * *

Barbara Schott, autora de *Mantenha a Calma* e de *A Decisão de Percorrer Novos Caminhos*, ambos publicados pela Editora Cultrix, é economista e administradora de empresas. Atualmente, trabalha como consultora administrativa no setor de serviços do seu próprio Instituto, sediado em Nürenberg.

EDITORA CULTRIX